York Höller

# 3. Sonate für Klavier

2010 / 2011

BB 3243

BOOSEY & HAWKES
BOTE & BOCK

York Höller
**3. Sonate für Klavier**
(2010 / 2011)

Dauer: 11 minutes

UA:
09.10.2011 Philharmonie Essen, Alfried Krupp Saal
Fabio Martino, piano

www.boosey.com

AN IMAGEM COMPANY

BB 3243

ISMN 979-0-2025-3243-0
ISBN 978-3-7931-4034-4

# 3. Sonate für Klavier

**Introduzione**
**Lento sostenuto, ♩ = 72**

York Höller (2010/2011)

20141015

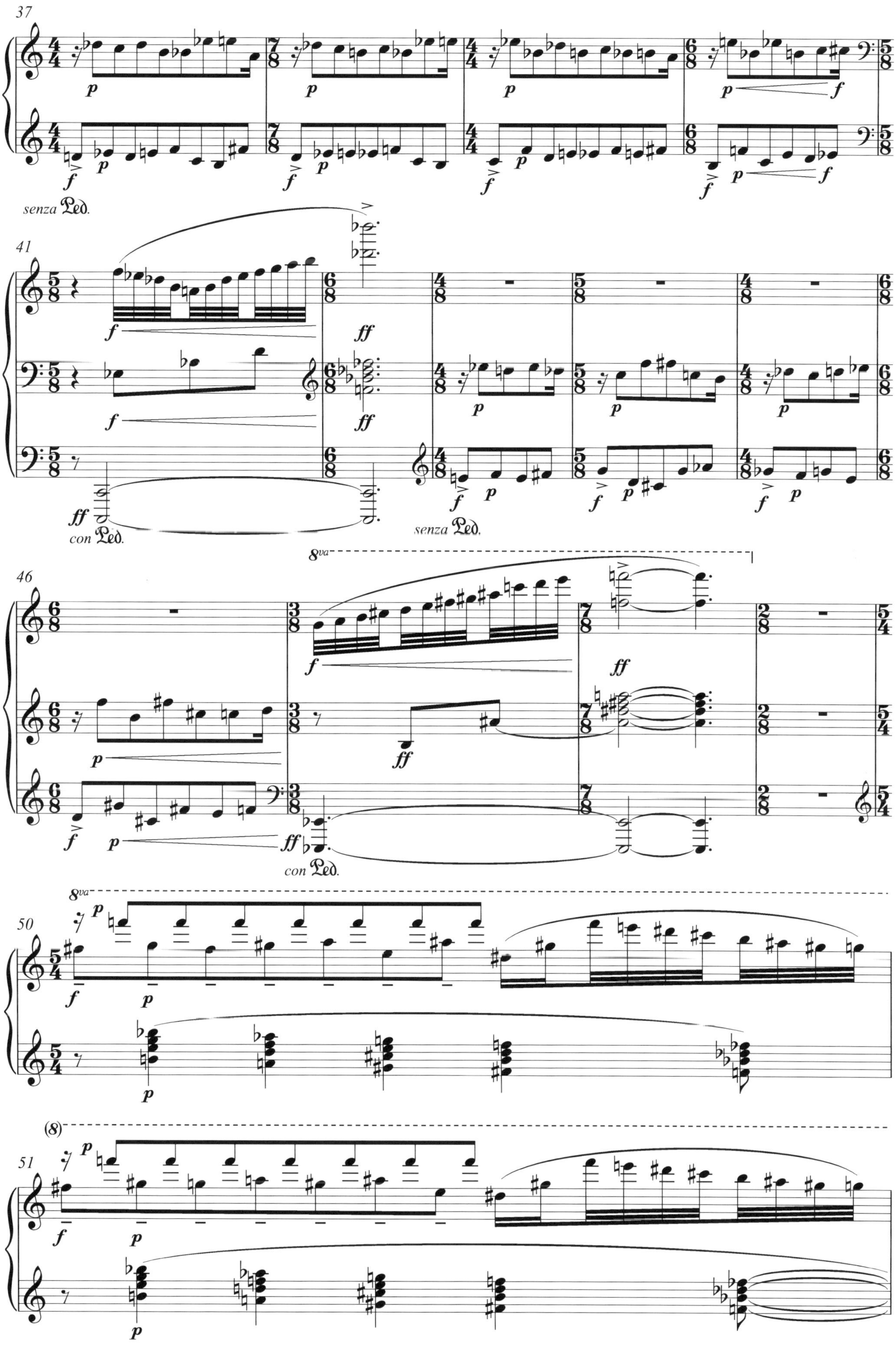


20141013

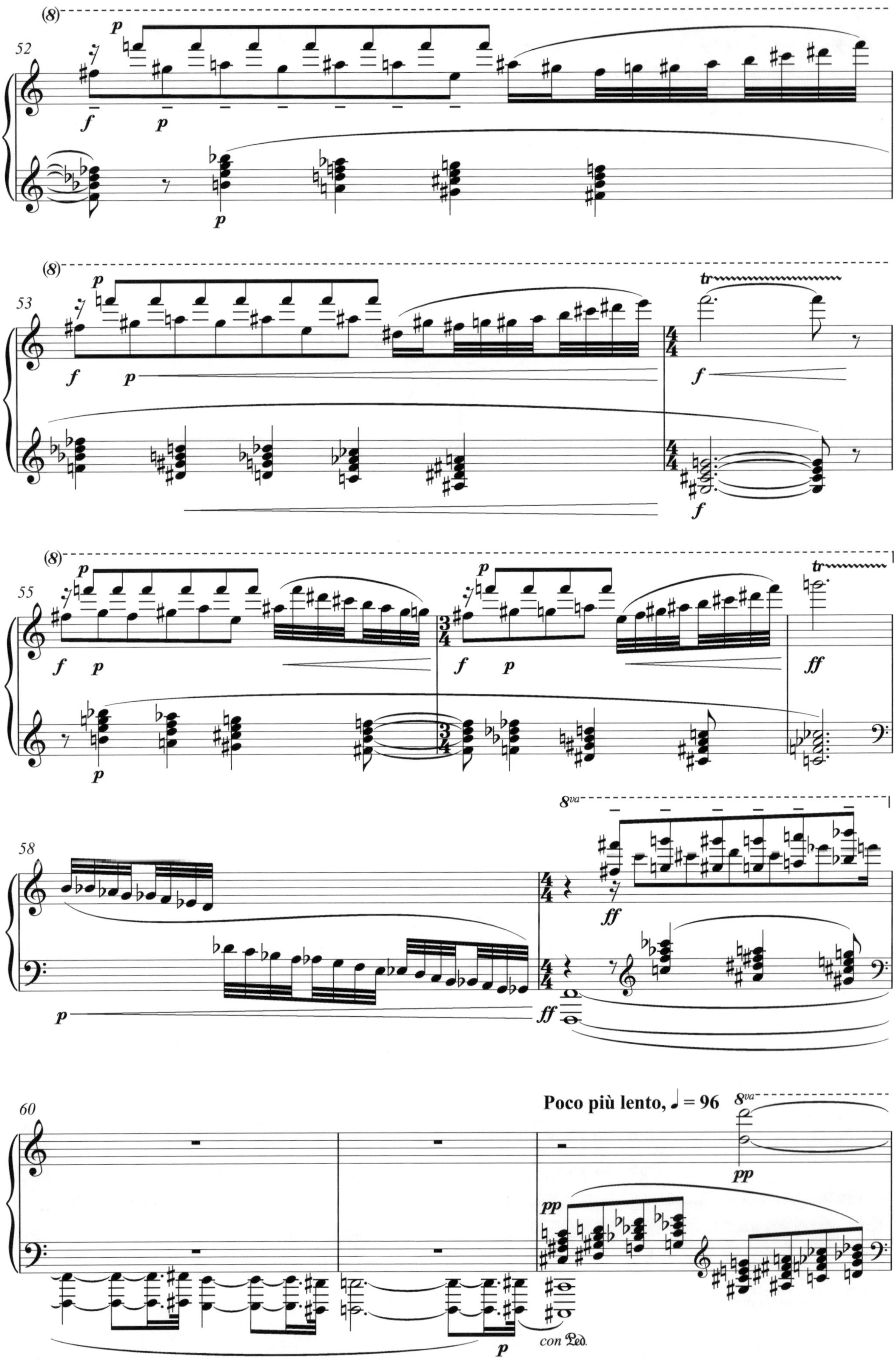
Poco più lento, ♩ = 96
con Ped.

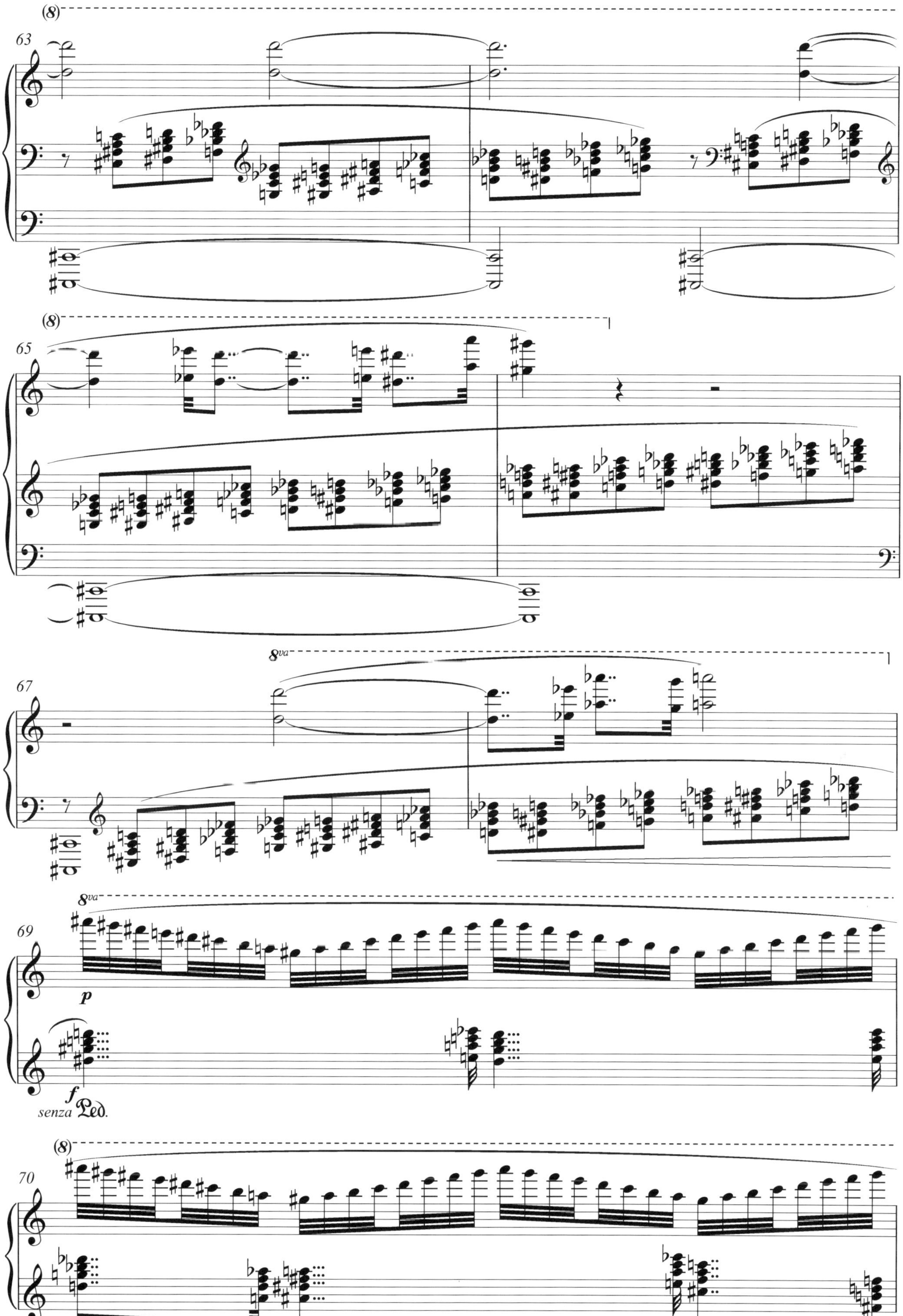


20141015

Poco ritenuto, ♩ = 80
a tempo
8va
tr

Quasi pesante, 𝅗𝅥 = 100
molto accel.
(𝅗𝅥 = 120)
♩ = 100
♩ = 80
♩ = 132
♩ = 40

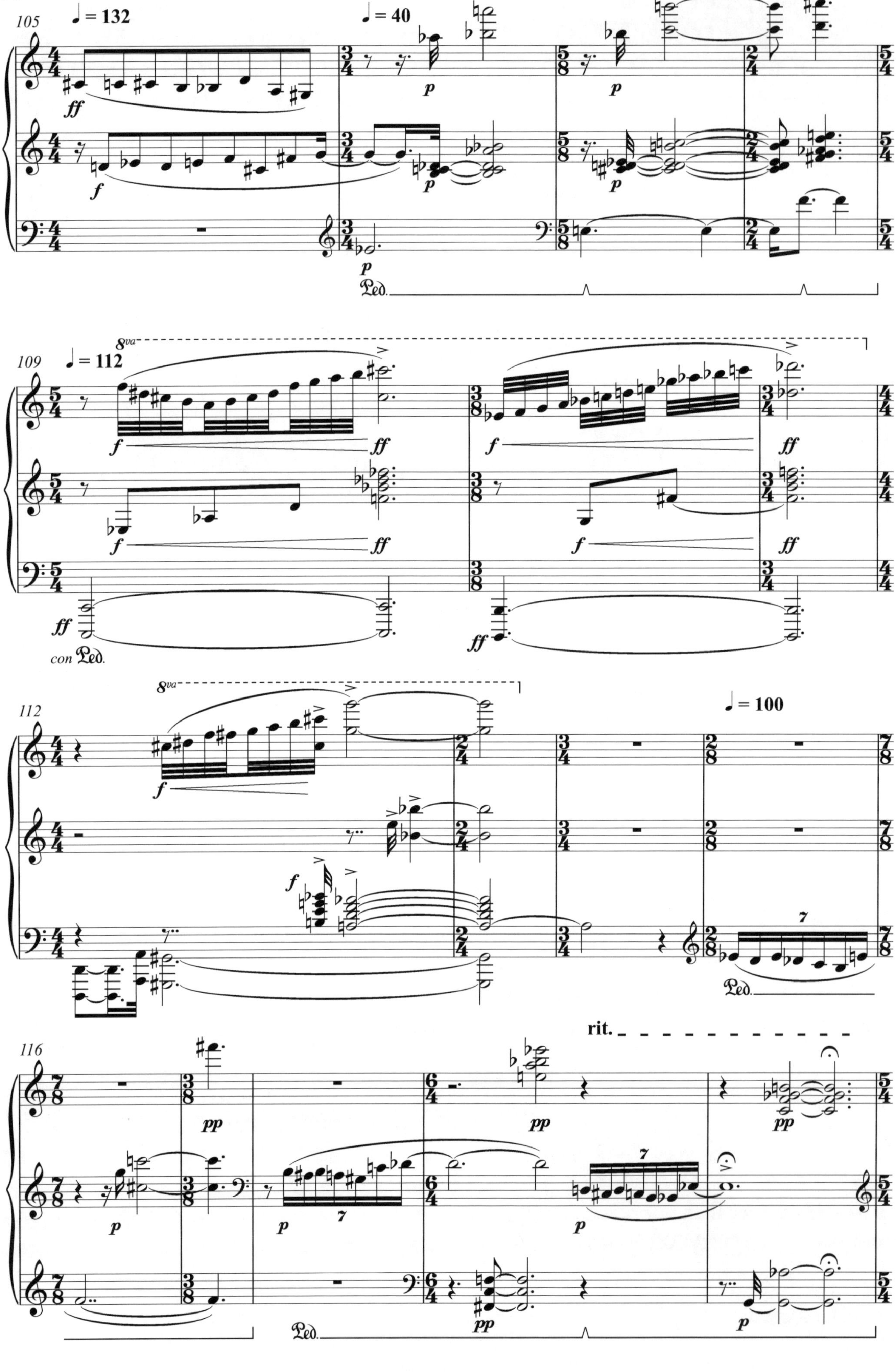
♩ = 132
♩ = 40
Ped.
♩ = 112
8va
con Ped.
♩ = 100
rit.

Animato, ♩ = 100
legato
legato
con Ped.

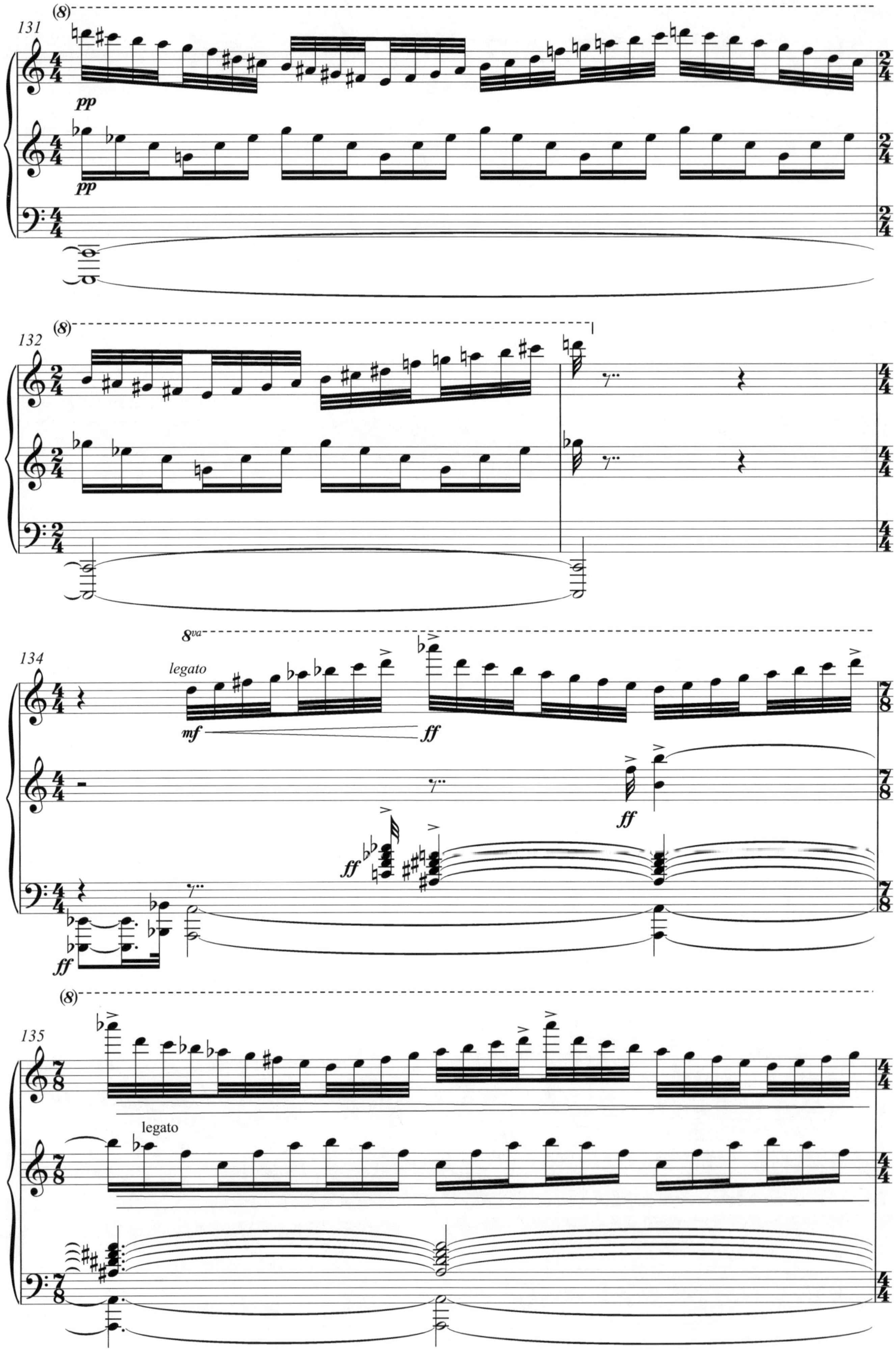


20141015

(8)
136
pp
pp
138
f p
mf p
con Ped.
140
f p
142
f p
mf p
145
8va
f p
mf p
f p
147
(8)
f p
mf p
148
(8)

149
152
155
158
♩ = 96
Ped.

♩ = 132
♩ = 40
senza Ped.
Tranquillo, ♩ = 72
poco accel.
♩ = 80
accel.

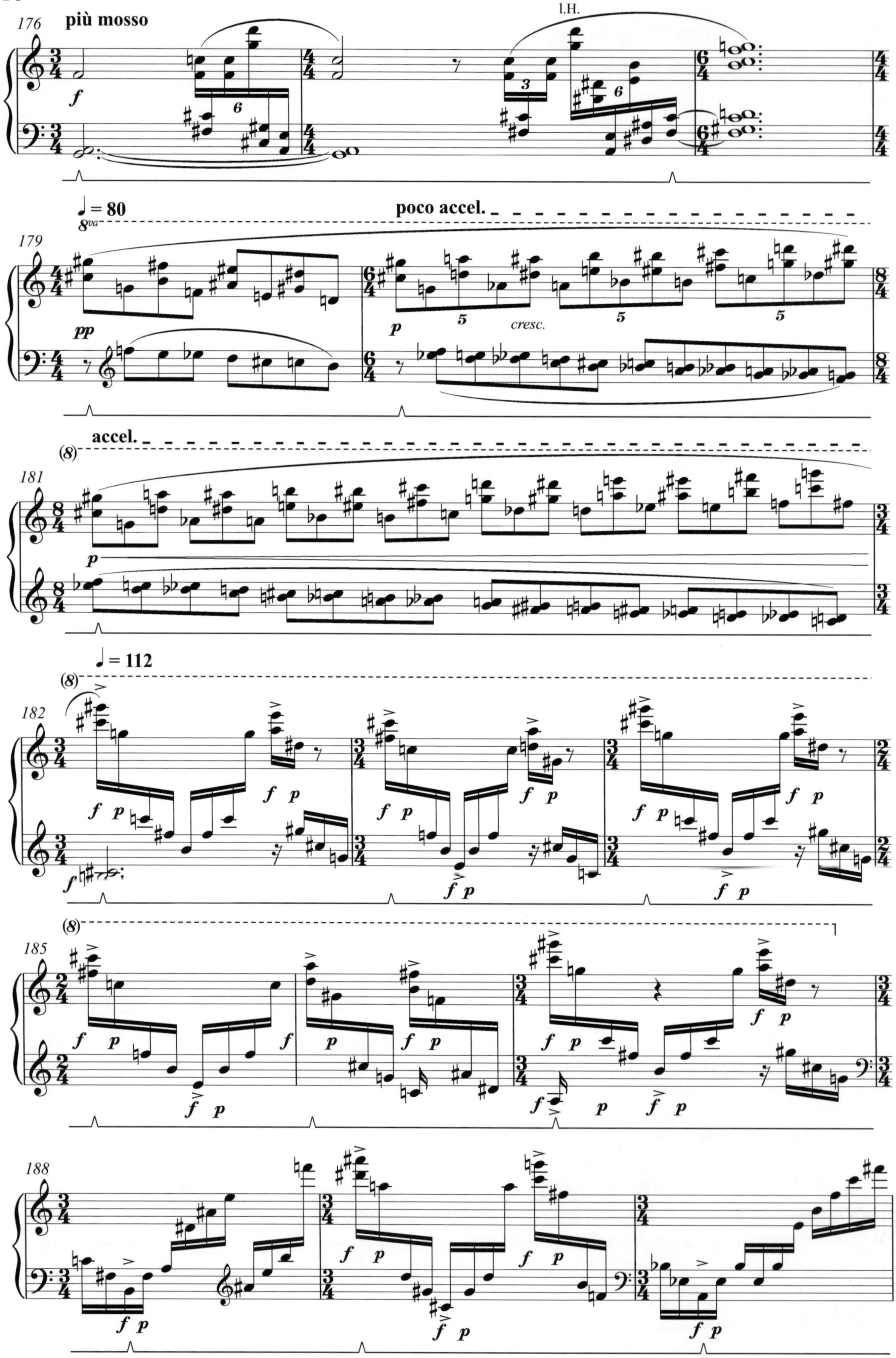
più mosso
l.H.
♩ = 80
poco accel.
8va
cresc.
accel.
(8)
♩ = 112

191
194
197
200
rit.
8vb
♩ = 100
203
mp
mf
(8)

20141015

Tranquillo, ♩ = 72
214
p
pp
p
8vb
8vb
Ped.
217
8va
p
♩ = 92
8va
pp legato
8va
mp legato
p legato
219
(8)
(8)
mf
5
5
220
(8)
pp
(8)
(8)
mf
pp
(8)

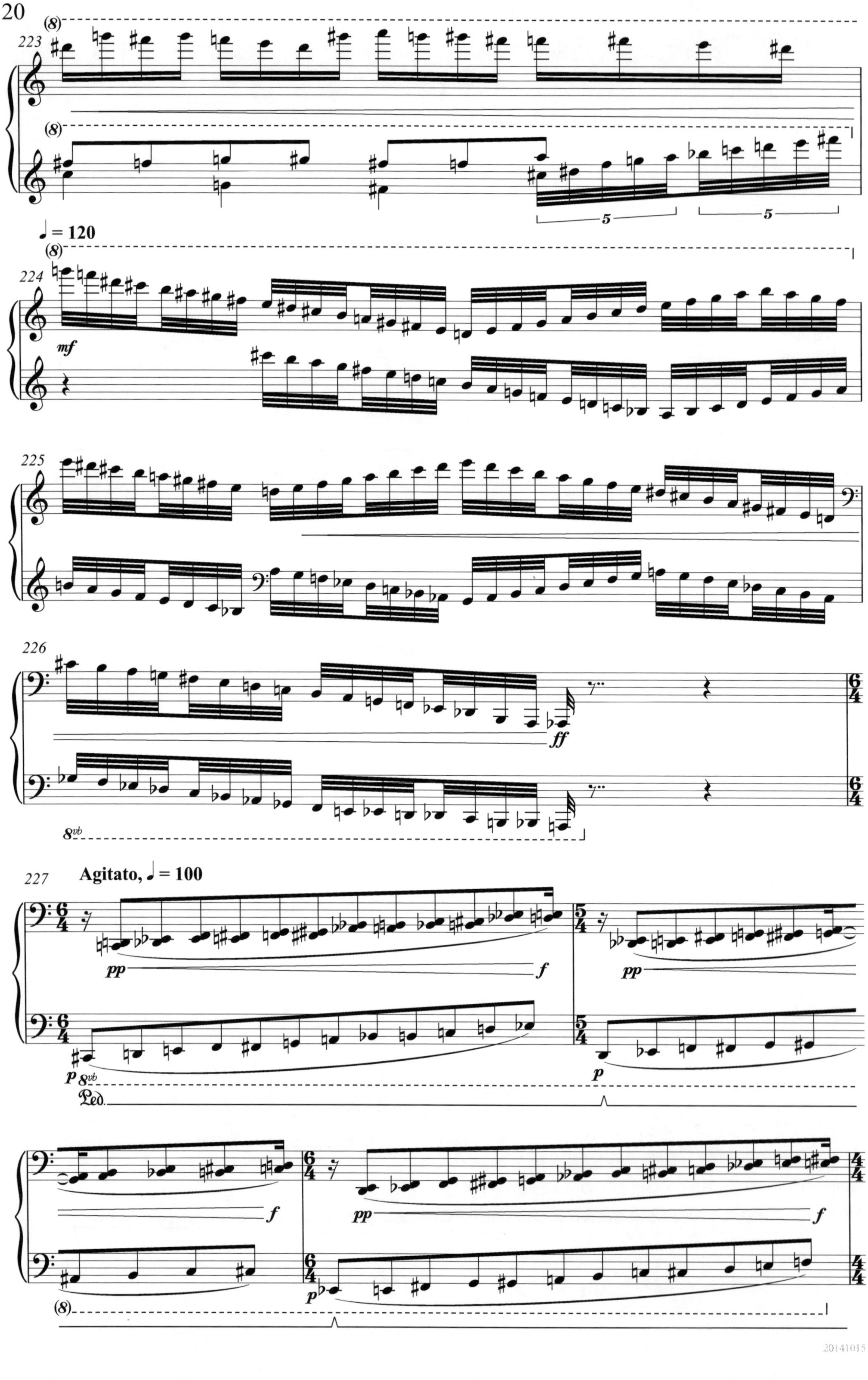
223
(8)
5
♩ = 120
224
mf
225
226
ff
8vb
227
Agitato, ♩ = 100
pp
f
p
Ped.

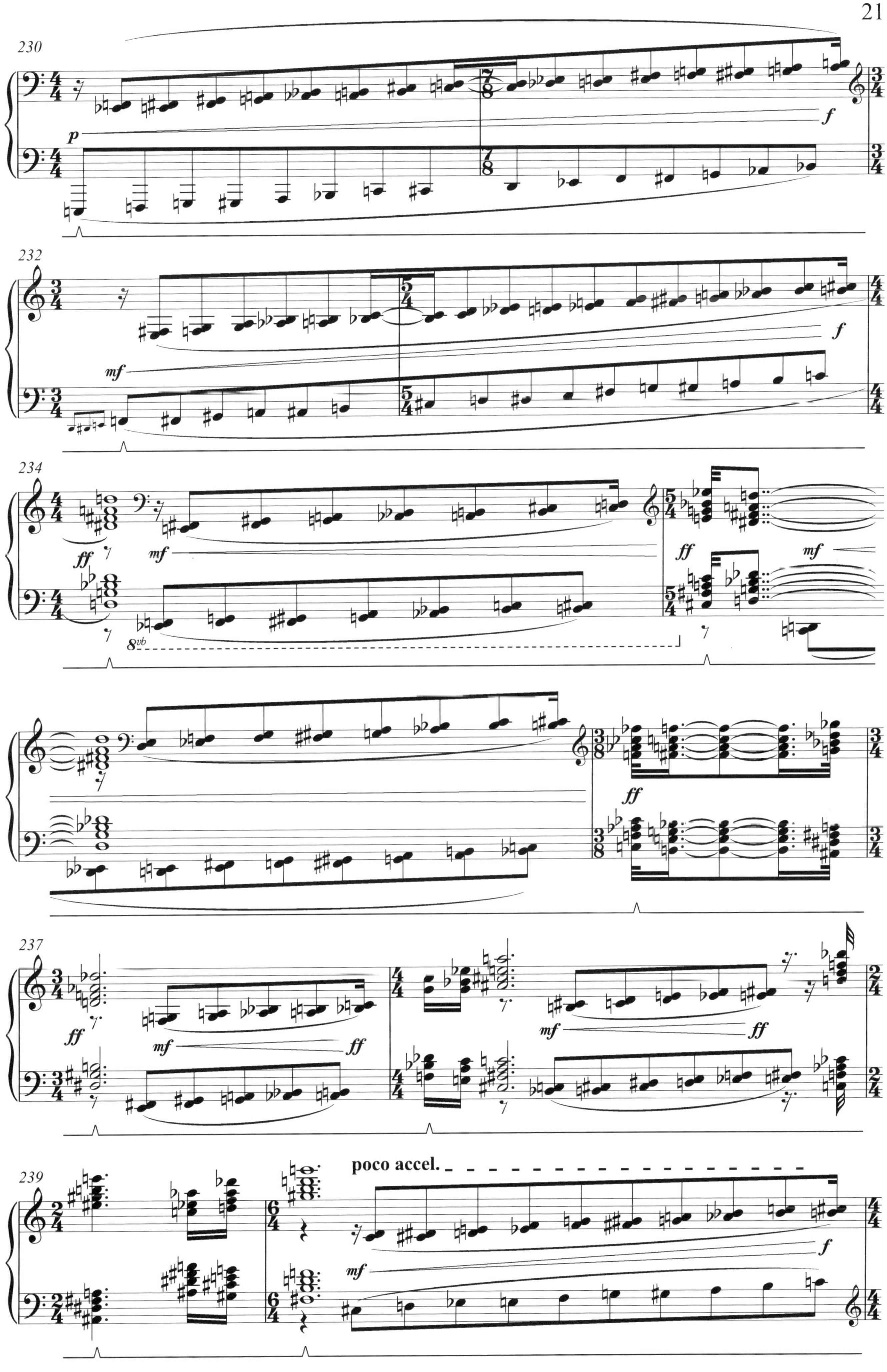
230
p
f
232
mf
f
234
ff
mf
8vb
ff
mf
ff
237
ff
mf
ff
mf
ff
239
poco accel.
mf
f

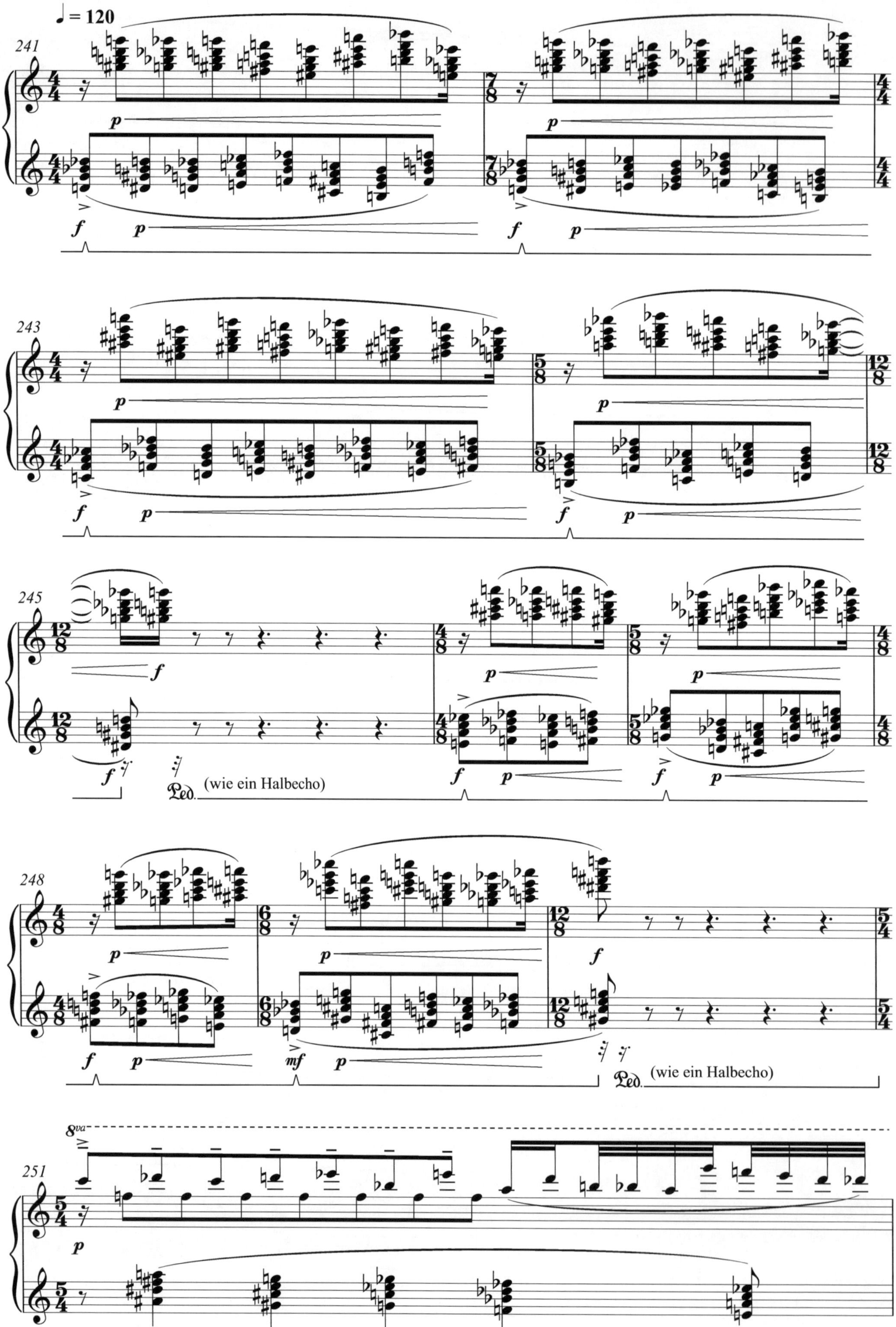
♩ = 120
241
243
245
Ped. (wie ein Halbecho)
248
Ped. (wie ein Halbecho)
251
8va

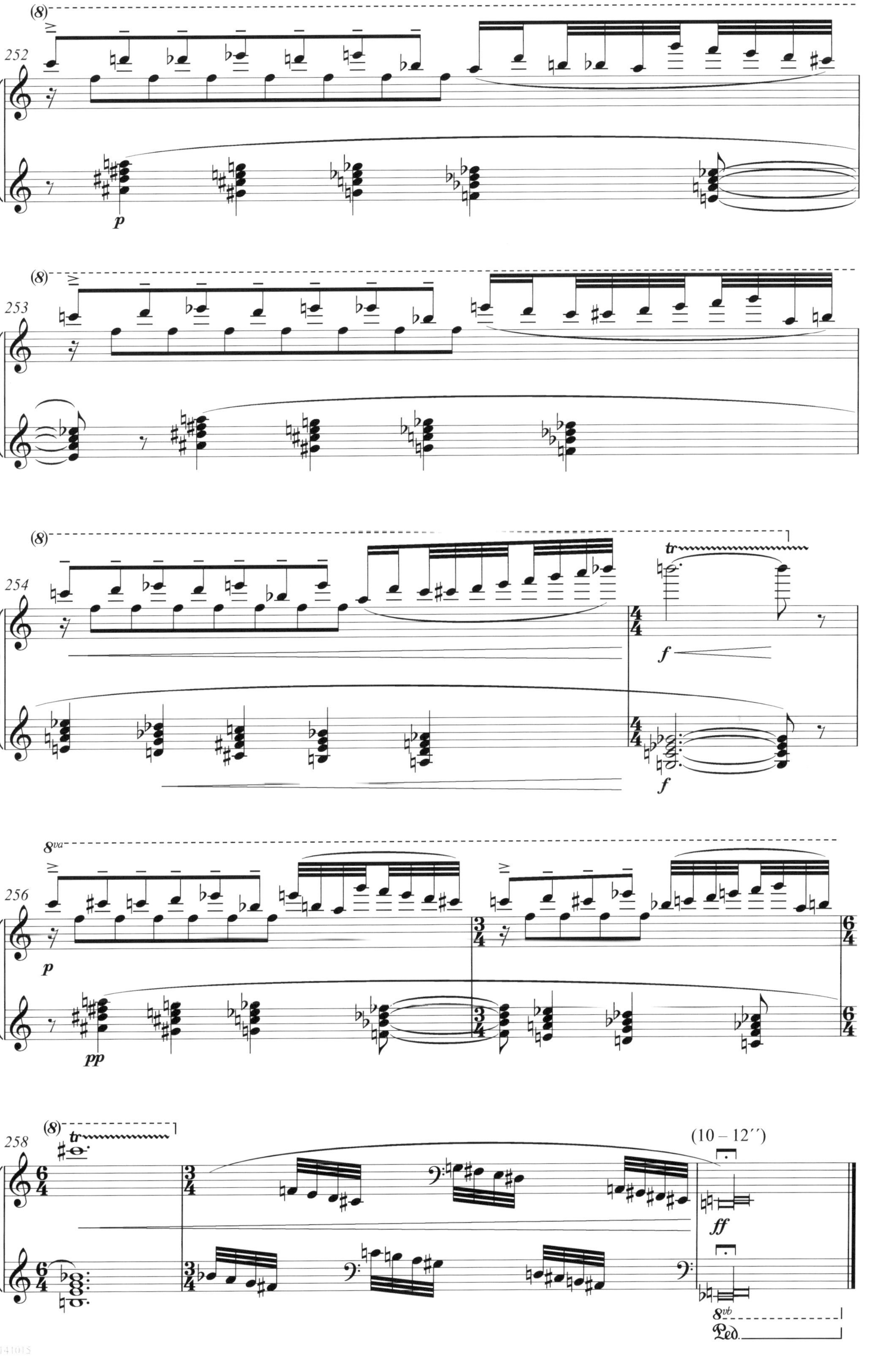
252
253
254
256
258
(8)
8va
tr
p
f
pp
ff
(10 – 12´´)
8vb
Ped.